Eishockey

Eishockey

Ein fröhliches Wörterbuch für alle Spieler,
Trainer, Sponsoren und Fans.

Von Hans Joachim Alpers
mit Zeichnungen von Peter Ruge

TOMUS

Druck: Dr. Cantz'sche Druckerei, 7302 Ostfildern 1 (Ruit)
Bindearbeiten: Sigloch Buchbinderei, Künzelsau
3 4 5 91 90

ISBN 3-8231-0137-4

...SEIT ICH IN EUEREM VEREIN BIN HABE ICH EINEN ECHT ENGLISCHEN KAMIN!
Runge

abblocken

A

abblocken Den angreifenden Gegner durch Drohgebärden derart einschüchtern, daß er unter Zurücklassung aller Wertgegenstände – im Eishockey ist dies vor allem der Puck – sein Heil in der Flucht sucht.

Abneigung Besonders bei Torwarten häufig auftretende Empfindung, die sich spontan einstellt, wenn der Puck die eigene Torlinie passiert hat, und sich gegen den Torschützen richtet.

Abseits Ein ansonsten eher großväterlich-betulicher Spieler überrascht den puckführenden Mitspieler dadurch, daß er sich zu einem unvermuteten Sprint aufrafft und vor dem Puck in die Angriffszone eindringt. Gnadenlose Referees ahnden dies mit einem Einwurf. Wenn der schnaufende und total erschöpfte Großvater nicht schnell genug aus der Angriffszone fährt, kann es passieren, daß er beim nächsten Angriff abermals im Abseits steht. Wenn der wütende Trainer daraus dann einen Dauerzustand macht, darf der Spieler sich eigentlich nicht wundern.

Absicht, böse Wird gern anderen unterstellt, wenn etwas schiefgeht.

Absicht, gute Wird gern für sich selbst beansprucht, wenn etwas schiefgeht.

Abwehr Alibibezeichnung für jene Gruppe von Spielern, die als Stürmer nicht tauglich sind, aus sozialen oder karitativen Zwecken aber trotzdem für die Mannschaft aufgestellt werden. Abwehrspieler kurven wild um die gegnerischen Stürmer herum und tun so, als würden sie diese am Torschuß hindern, was natürlich nicht ernsthaft der Fall ist. Da der Gegner jedoch auch seine Sozialfälle hat, geht er auf das Spiel ein und tut so, als würde ihn das Herumfahren und Gefuchtel beeindrucken.

Abwehrzone Territorium, in dem Tore verhindert werden sollen, was sich aber offenbar noch nicht bei allen Abwehrspielern herumgesprochen hat. In solchen Fällen demonstriert der Gegner gelegentlich recht drastisch, daß für *ihn* die Abwehrzone die Angriffszone ist.

---

abwendbar Ein wie auch immer gearteter Spielausgang aus der Sicht der Unzufriedenen.

Aha-Erlebnis Plötzliche Erkenntnis eines ausgepfiffenen Spielers, daß er diesen Tag doch besser im Bett verbracht hätte.

Alleingang Reaktion auf den Eindruck, es mit total unfähigen Mannschaftskameraden zu tun zu haben. Mißlingt die Aktion, obwohl ein anderer einschußbereit war, kann es passieren, daß die Mannschaftskameraden dem Alleingänger zeigen, wozu sie fähig sind.

Angriff Alibibezeichnung für jene Gruppe von Abwehrspielern, die vom Trainer dazu gezwungen wurden, ihr bisheriges bequemes Leben in der Abwehr aufzugeben. Angriffsspieler tun ihr Bestes, um nur ja nicht als Torschützen aufzufallen - in der Hoffnung, daß ihr Trainer nach einiger Zeit resigniert und sie wieder in die Abwehr stellt. Den Pechvögeln unter ihnen passiert es allerdings, daß der Puck gelegentlich an ihnen oder ihrem Schläger abprallt und im Tor des Gegners landet. Dann ist es erst einmal wieder Essig mit dem Job in der Abwehr.

AHA!
Erlebnis
EV
EC
SERC
BSC
42
Ruge

Angriffszone

Angriffszone Spielfeldbereich, in dem eigentlich Stürmer versuchen sollten, Tore zu schießen. Leider oft eine rein theoretische Definition.

Angstschweiß Körperabsonderung, die aus den Hautporen eines Spielers bricht, wenn
a) er selbst kleinwüchsig ist und einen baumlangen Gegner auf sich zufahren sieht;
b) er während des Spiels feststellt, daß er vergessen hat, seinen Tiefschutz anzulegen;
c) er im letzten Spieldrittel eines harten Spiels daran denkt, daß ihn nach Spielende gleich drei weibliche Fans mit ganz konkreten Absichten in seiner Umkleidekabine erwarten.

ausspielen Ein Spieler legt einen Spieler der gegnerischen Mannschaft herein und läßt ihn buchstäblich ins Leere fahren. Das Dumme ist nur, daß er fast immer in den nächsten Sekunden selber ausgespielt wird.

B

Bande Hüfthohe Umgrenzung des Eishockeyfeldes, die eine magische Anziehungskraft auf Eishockeyspieler ausübt. Sie traktieren die Bande auf jede nur denkbare Art: Sie dreschen den Puck dagegen, daß es nur so raucht, schlagen mit den Stöcken darauf ein, springen mit nach vorn gestreckten Schlittschuhen darauf zu oder bringen dieselbe mit einem eleganten Sprung zwischen sich und einen angriffslustigen Gegner.
Nostalgische Eishockeyfans denken manchmal wehmütig an die Zeit zurück, als Eishockey noch auf zugefrorenen Seen gespielt wurde und das Spielfeld von keiner Bande umgeben war.

Beifall
17
44
13
TOMUS

Die Teams und die Zuschauer nutzten die langen Pausen, in denen Eisjungen dem Puck in abgelegenen Gebieten des Sees hinterherjagten, zu einem fröhlichen Umtrunk mit Glühwein und Grog. Nicht selten wurde es dabei so gemütlich, daß sich hinterher keiner mehr an den Spielstand erinnern konnte. Alles dahin ...

Beifall

Erstaunte Zuschauerreaktion, wenn wider Erwarten auf dem Eise etwas so gelingt, wie es gedacht war.

---

beschimpfen

Mit Geräusch verbundene Öffnung des Mundes bei gleichzeitigem Herunterklappen des Kinns nach total wahnsinnigen Entscheidungen von Schiedsrichtern. Dabei entstehende Wörter sind selbstverständlich nur scherzhaft gemeint. Leider sind Referees prinzipiell extrem humorlos, so daß sie sich meistens albern aufplustern und die unverzügliche Entfernung des Witzboldes vom Eis verlangen. Die Kommentierung dieser aus kleinkarierter Rachsucht entstandenen Entscheidung wird von wirklich gewitzten Spielern erst außer Hörweite der Schiedsrichter vorgenommen.

Bierflaschenöffner

Einer der wichtigsten Ausrüstungsgegenstände dieses Sports, insbesondere für Bayern unverzichtbar. Es soll schon Spieler gegeben haben, die ein volles Spiel ohne Schläger durchgestanden haben. Ohne Bierflaschenöffner hingegen ist dies nur denkbar, wenn in der Sporthalle Faßbier ausgeschenkt wird oder aber der Spieler die Technik beherrscht, einen Kronenkorken mit dem Schläger vom Flaschenhals zu lösen.

---

blaue Flecken

a) Ein scheckiges Muster ergebende Farbtönung von Teilen der Haut, die für Eishockeyspieler symptomatisch ist und lediglich in der spielfreien Sommerpause an Intensität verliert.

b) Unter starkem Alkoholeinfluß stehende Zuschauer inmitten einer ansonsten nüchternen Menge.

---

blockieren — Den gegnerischen Angreifer vor die Wahl stellen, entweder friedlich zum eigenen Tor zurückzukehren oder sich blaue Flecken zu holen. Nicht ratsam für allzu schmächtige Verteidiger oder ausgepowerte Flitterwöchner.

---

bluffen — Fertigkeit eines Spielers, so zu tun als ob. Wird aber auch oft als Ausrede benutzt, um diesen oder jenen Patzer zu kaschieren: „Was heißt hier, den Puck nicht getroffen! Das sollte doch ein Bluff sein!"

Bluffschuß — Gemeinheit, mit der ein Stürmer, der allein auf das gegnerische Tor zuläuft, den Torwart lächerlich zu machen versucht. Manche Torwarte macht das so wütend, daß sie aus lauter Trotz den richtigen Schuß dann doch noch halten.

Bodycheck — Obwohl Eishockey ein Kampfsport ist, läßt er doch die Möglichkeit für scheue, fast zärtliche Gesten zwischen den Rivalen. Dazu zählt der sogenannte Bodycheck. Er ist eine Art tänzerisches Ritual. Zwei Spieler gegnerischer Mannschaften fahren vorsichtig aufeinander zu, umarmen sich freundschaftlich, reiben die Helme aneinander und kreuzen spielerisch die Stöcke. Damit will man ausdrücken: Was soll der ganze Streit - gehen wir doch lieber ein Bier trinken. Daraus wird dann aber leider meistens nichts, weil man sich nicht einigen kann, wer von beiden den Puck als Souvenir behalten darf.

---

bremsen — a) Reaktion auf die plötzliche Erkenntnis, daß Eis ungemein glatt und das Rutschen darauf ein glatter Wahnsinn ist. Der drohende Blick des Trainers verhindert jedoch in der Regel weitere Konsequenzen aus dieser Einsicht.

Bodycheck

b) Freundschaftsdienst für einen Gegner, dem die obige Erkenntnis noch fremd ist und der so rasant über das Eis rutscht, daß er sich verletzen könnte, wenn er nicht gestoppt würde.

Bully

Weder die Bezeichnung für den kräftigsten Spieler auf dem Eis oder gar den Einsatz eines angriffslustigen Stiers, um müden Spielern wieder Beine zu machen, sondern eine Methode der Schiedsrichter, den Spielern nach geruhsamen Spielunterbrechungen erfrischende Bewegungstherapie zu verordnen.

C

Calgary

1988 Austragungsort der Olympischen Winterspiele, bei denen durch gute Leistungen - auch noch bezahlte! - Werbung für den Eishockey-Sport betrieben werden durfte.

Carepakete

Nach dem Krieg Futterpakete vom nordamerikanischen Kontinent für notleidende Westeuropäer, heute der Export von Kraftpaketen vom nordamerikanischen Kontinent für notleidende westeuropäische Eishockeymannschaften.

Caritas

Christliche Organisation, die ihr Bestes tut, um anderen zu helfen. Gesuche von Vereinen um Hilfe gegen Spielniederlagen, Zuschauerschwund oder Abstieg sind allerdings zwecklos.

---

checken

Testmethode, um herauszufinden, ob der gegnerische Spieler wirklich so wacklig auf den Kufen steht, wie es den Anschein hat. Unfeine Leute nennen dies anrempeln, aber unfeine Leute gibt es im Eishockey bekanntlich nicht.

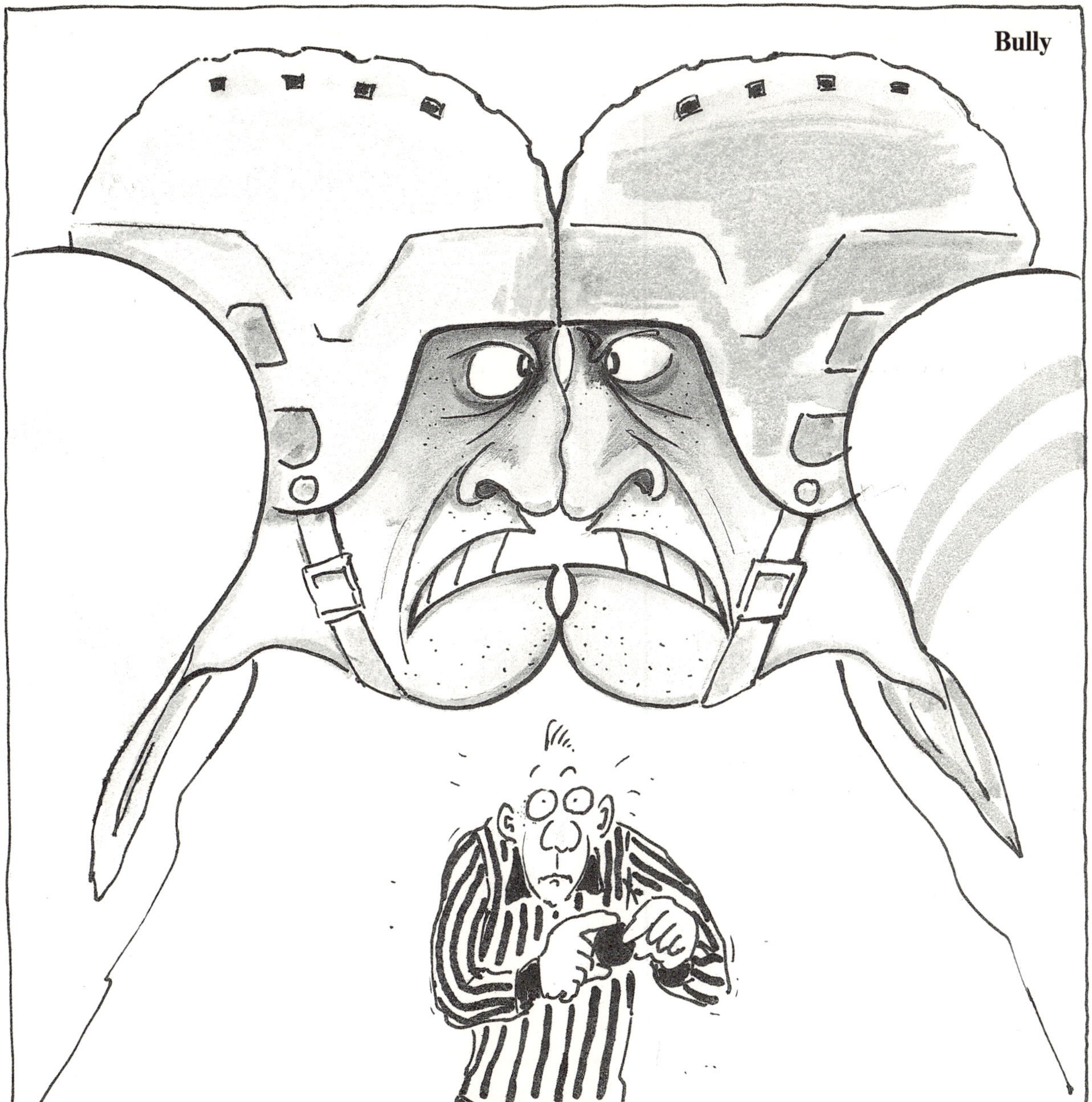
Bully
Prange

Delle

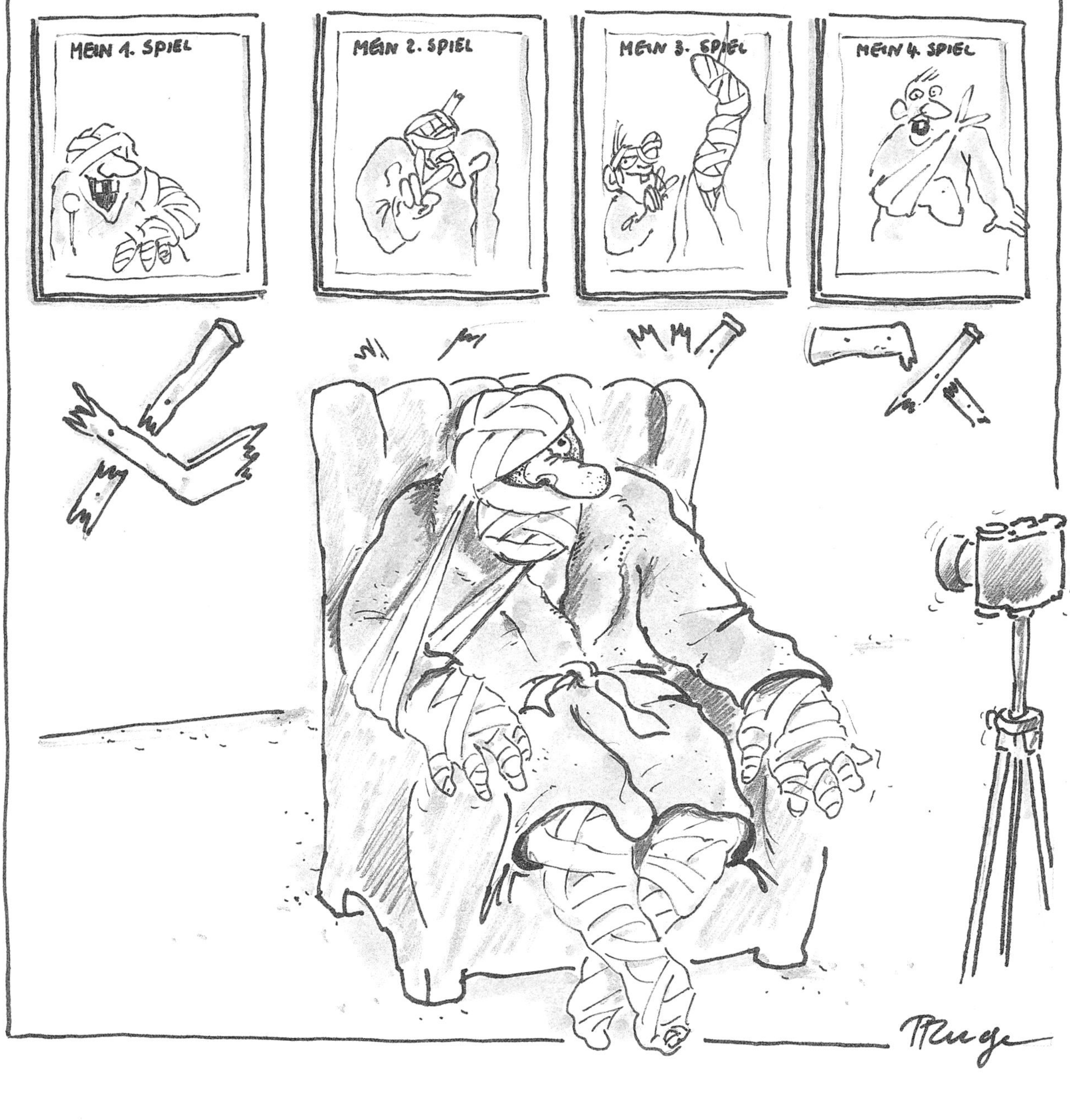

Colt — Letztes Mittel eines Stürmers, um durch Zeigen eines solchen Geräts einen widerspenstigen gegnerischen Torwart zu überreden, doch lieber mal einen Schuß durchzulassen, als einen Schuß zu riskieren. Allerdings gilt diese Methode als recht ungehobelt und ist obendrein strikt regelwidrig.

cool — Betrifft nicht die Temperatureigenschaften des Eises, sondern eine Stimmungslage, die bei Eishockeyspielern im Verlauf des Spiels meistens erst dann entsteht, wenn sie auf der Strafbank sitzen.

D

Darm — Empfindliches Meßinstrument für die Angst des Spielers vor dem Gegner. Festigkeitsgrad und Durchflußgeschwindigkeit der freigesetzten Menge sowie die Anzahl der Freisetzungen vor dem Spiel ermöglichen eine exakte Bestimmung des seelischen Zustands. Volkstümliche Bezeichnung sowohl für die Ursache als auch für die Auswirkungen: „Schiß haben".

Debakel — Wenn die Niederlage wirklich so drastisch ausfällt, wie man es von Anfang an befürchtet hat.

Delle — Unvermeidliche Begleiterscheinung eines Eishockeyspiels, die sowohl auf dem Eis als auch an den Akteuren zu beobachten ist.

Denunziant — Gefoulter Spieler, der die Dreistigkeit besitzt, Wirkung zu zeigen und damit den Schiedsrichter auf das Foul aufmerksam zu machen.

Dribbling

Depression	Zustand eines Spielers nach der Einsicht, daß er tatsächlich so spielt, wie es seine Kritiker immer behauptet haben.
Desaster	Wenn sich die Erwartung eines Debakels (siehe dort) als überschäumender Optimismus herausstellt.
Dilettant	Nach Trainermeinung jeder Kritiker, nach Kritikermeinung jeder Trainer.
Dribbling	In acht von zehn Fällen fruchtloser Versuch eines Spielers, durch Anwendung von gemeinsten Täuschungsmanövern jeglicher Art einen Gegner zu umspielen. In den erwähnten acht Fällen erweist sich der Gegner als das noch größere Schlitzohr und vereitelt diese Bemühungen. In den beiden restlichen Fällen gelingt das Unternehmen - mit dem Ergebnis, daß entweder der Gegner die Notbremse zieht oder aber der Dribbelkünstler nach seinem Triumph über seine eigenen Beine stolpert.
Drittel, erstes	Spieldrittel, in dem es für jeden Eishockeyspieler eminent wichtig ist, nicht zuviel Kraft zu vergeuden. Schließlich folgen noch zwei weitere Drittel: also auf Sparflamme fahren, den Gegner kommen lassen.
Drittel, zweites	Spieldrittel, in dem einem Eishockeyspieler schon das erste Drittel in den Knochen steckt. Da gilt es mit den Kräften haushalten! Und obendrein folgt noch ein weiteres Drittel. Also auf Sparflamme fahren, den Gegner kommen lassen.
Drittel, drittes	Spieldrittel, in dem einem Eishockeyspieler schon das erste und das zweite Drittel in den Knochen stecken. Das muß der

Zuschauer doch einsehen. Also auf Sparflamme fahren, den Gegner kommen lassen und hoffnungsvoll auf die Schlußsirene warten.

E

Einbruch

Unvermutetes Eindringen in andere Sphären, wobei oft ein Loch zurückbleibt. In Eishockeystadien vor allem dann zu beobachten, wenn sich das Wollen einer Mannschaft umgekehrt proportional zu ihrem Können verhält. Für die nötigen Sphärenklänge sorgt das Publikum, und das Loch wird spätestens beim nächsten Heimspiel vom Kassenwart als Vakuum in der Vereinskasse festgestellt.

Einsatz

Gelegentlich zu beobachtende Anstrengung eines Spielers, die Entscheidung des Trainers über dessen Einsatz zu rechtfertigen. Wie gesagt: *gelegentlich* zu beobachten.

Eis

Gefrorenes Wasser, äußerst rutschig. Im wahrsten Sinne des Wortes eine der Grundlagen für Eishockey. Einige Experten sind sogar der Ansicht, daß Eishockey ohne Eis gar nicht denkbar wäre. Stellen Sie sich einmal vor, Eishockey würde auf losem Sand gespielt: Man würde den Puck gar nicht wiederfinden! Das ist die eine Seite der Medaille. Die andere Seite: Immer wieder klagen Eishockeyspieler darüber, daß sie auf diesem glatten Material ausrutschen und sich dabei blaue Flekken am Hintern einhandeln. Die Gewerkschaft Deutscher Eishockeyspieler (GDE) hat deshalb kürzlich bei Tarifverhandlungen die Forderung aufgestellt, im Interesse größerer Sicherheit am Arbeitsplatz entweder auf das Eis zu verzichten oder aber den Spielern auf Vereinskosten rutschfeste Stiefel zur Verfügung zu stellen.

...WARTE AB...
SO LANGSAM TAUEN
SIE AUF..
..UND...
DANN..

Eisheiligen, die

Weder einige Spitzenspieler, die von ihren Fans angebetet werden, noch Trainer oder Vereinspräsidenten, sondern die letzten frostigen Tage in einer Jahreszeit, in der sich die zum Nichtstun verdammten Eishockeyspieler längst unter südlicher Sonne den Bauch bräunen lassen.

Ellbogen

Abknickungen der oberen Glieder eines Menschen, deren Nützlichkeit erst mit der Erfindung des Eishockeys voll zum Tragen kam.

Endphase

Die letzten Minuten eines Spiels, in denen der schon feststehende und bisher recht schlafmützige Verlierer durch hektische Betriebsamkeit vorzutäuschen versucht, ihm sei durch den bisherigen Spielverlauf ein großes Unrecht widerfahren.

Entspannung

Mit einer lässigen Einstellung verbundener seelischer Zustand als Antwort auf nicht mehr zu ändernde Tatsachen, der gewöhnlich nach einem Spiel einsetzt, nach besonders drastischen Tatsachen aber auch schon nach wenigen Spielminuten erfolgen kann. Wenn dies Spieler einer vermeintlich sicher führenden Mannschaft betrifft, kann die Veränderbarkeit dieser Tatsache allerdings nicht nur zu Spannung, sondern auch zu erheblichen Spannungen führen.

Esel

Grautier, das sich angeblich aufs Eis begibt, wenn es ihm zu wohl wird. Vergleiche mit Eishockeyspielern bieten sich zwar gelegentlich an, müssen aber mit aller Schärfe und Entschiedenheit zurückgewiesen werden.

Endphase

Fanghand

...WIR KENNEN UNS NICHT, TROTZDEM WISSEN SIE, DASS ICH TORWART BIN, ... DAS IST JA EIGENARTIG!

F

Fair play — Besonders demütigender psychologischer Trick. Dem Gegner wird durch betont faires Spiel suggeriert, es mit einem haushoch überlegenen Team zu tun zu haben, das es sich leisten kann, die Regeln einzuhalten. Der Trick verpufft gelegentlich, und zwar dann, wenn der Gegner seinerseits durch ebenso striktes Einhalten der Regeln zu beweisen sucht, daß *er* der haushoch Überlegene ist. Wenn einer der beiden Mannschaften der Beweis des Behaupteten gelingt, ist es meistens zu Ende mit dem Fair play.

Fanghand — Entwickelt von einem Trainer, der sich vergeblich bemühte, King Kong als Torwart für seine Mannschaft zu engagieren. Als er sonst niemanden fand, dem die Natur klodeckelgroße Hände verliehen hatte, verordnete er seinem Torsteher einen korbartigen Handschuh, mit dem seither alle Eishockeytorwarte nach dem Puck zu grabschen versuchen. Der Ausdruck *Fang*hand entspringt natürlich purem Wunschdenken.

Faust — Aus den äußersten Enden der oberen Extremitäten eines Menschen zu bildende Einheit, die schlagkräftige Beweise ihrer Effektivität vorweisen kann. Mit Bildung hat dies dann allerdings nur in der Phase der Entstehung zu tun.

Fernsehreporter — Herumschwadronierende Personen, die immer alles besser wissen und sich als dreizehnter Spieler auf dem Eis fühlen. Daß man ihnen entgegen ihren Erwartungen nie einen Trainerjob anbietet, führt oft zu drastischen Identitätskrisen.

---

fliegender Wechsel — Freiwilliger, d.h. ohne die Mitwirkung von fliegenden Fäusten zustande kommender Austausch von Mannschaftsteilen, der

Formkrise

mit keiner Spielunterbrechung verbunden ist. Wer den Wechsel verpaßt und als siebter Mann auf dem Eis bleibt, fliegt hinterher - und zwar auf die Strafbank.

Flippaß

Ein Spieler pocht auf seine Lufthoheit und drischt den Puck in Richtung Stadiondecke. Wenn dieser ausnahmsweise tatsächlich mal dort herabfällt, wo er landen sollte, flippt der Gegner aus - und zwar total.

Formkrise

Kürzere oder auch längere Zeitspanne, in der ein Eishockeyspieler noch auffälligere Schwierigkeiten als sonst hat, eine Rechtfertigung dafür zu erbringen, weshalb er sich die Schlittschuhe untergeschnallt hat. Eine Formkrise kann sich auch zur Dauerformkrise auswachsen. In diesem Fall erklärt der Trainer die Form des Spielers in der Formkrise irgendwann zur Normalform, und der Spieler kann sich eine neue Formkrise leisten.

Füße

Zu Geruch neigende untere Extremitäten des Menschen, die neben einem hinteren Körperteil die wichtigsten Kontaktstellen zur materiellen Realität sind. Sowohl deren Form als auch die Empfindlichkeit gegenüber niedrigen Temperaturen belegen eindeutig, daß der Kontakt mit Eis wenig ratsam ist - worauf Eishockeyspieler allerdings keine Rücksicht nehmen.

G

gähnen

Mit Geräusch verbundene Mundbewegung, mit welcher der Körper dem Geist bedeutet, daß die mit den Sinnen aufgenommenen Eindrücke es vorteilhaft erscheinen lassen, die Augen zu schließen. Im Eishockey unbekanntes Phänomen - nach Auskunft von Funktionären.

Gardinenpredigt

Eine Predigt ist eine der moralischen Erbauung dienende, manchmal kämpferische Ansprache, die an ein oft feierlich gestimmtes Publikum gerichtet wird. Eine Gardinenpredigt hingegen ist die Ansprache eines Trainers an ein überhaupt nicht feierlich gestimmtes und über die Ansprache wenig erbautes Publikum, dem es an kämpferischer Moral gefehlt hat.

Gebälk

Überbau eines Vereins, in dem es kracht, wenn es im Unterbau des Gegners zu wenig gekracht hat.

---

gefrorene Roßäpfel

Der Puck des kleinen Mannes und ein historischer Vorläufer der heute üblichen Hartgummischeibe. Im modernen Eishockey wird dieses Geschenk der Natur nicht mehr eingesetzt, weil

a) eitle Spieler darauf bestanden haben, ausschließlich mit Roßäpfeln berühmter Renn- oder Springpferde zu hantieren, deren Beschaffung zu mühsam war;

b) nach dem häufigen Auseinanderfallen derselben ein gewisses Odeur auftrat, das insbesondere die Scheidungsrate der Ehen von Torwarten unerträglich belastete.

Gegner

Mannschaft, die sich am anderen Ende des Spielfeldes eingenistet hat. Ob nun schwach oder stark: (Fast) allen Gegnern ist ein gewisses Maß an Trotz und Verbissenheit zu eigen. Obwohl es doch nur um zwei Punkte geht, weigert der Gegner sich in der Regel, diese so ohne weiteres abzugeben. Ein feindseliger Akt, der längst zu ernsten Konsequenzen geführt hätte, wenn es ohne den Gegner nicht so langweilig auf dem Eis wäre.

Gegner

grinsen

Gipsbein

Resultat einer bedauerlichen Fehleinschätzung der Elastizität menschlicher Knochen, Bänder und Sehnen, das sich jedoch hervorragend für Autogramme und Grußadressen eignet. Vielleicht eine Anregung für Sponsoren, die am Körper des Spielers noch geeignete Werbeflächen suchen. Versuche der Gipslobby, das Gipsbein als Präventivmaßnahme für alle Spieler obligatorisch zu machen, sind bisher gescheitert.

grinsen

Durch Muskelbewegung erzeugter Gesichtsausdruck, der sich bei Spielern nach einem Torerfolg automatisch einstellt, nach einem Gegentor aber nur selten gelingen will.

H

Hafer

In zumeist flockiger Form als Bestandteil von Kraft-Müslis verabreichtes Getreide, das auch von Pferden geschätzt wird und dem man bestechende Eigenschaften nachsagt. Wen er sticht, lebt auf dem Eis wie ein Fohlen auf der Weide: ständig in Gefahr, von Erwachsenen für den Übermut einen entschiedenen Dämpfer zu bekommen.

Handicap

Zusätzliche physische oder psychische Beeinträchtigung eines Spielers, die seine bereits unter Beweis gestellte mangelnde Eignung für diesen Sport noch einmal dramatisch erhöht.

Hansaplast

Während und nach Eishockeyspielen benötigtes Material, das in Stadien stets in größeren Mengen bevorratet wird und dazu dient, die weniger dramatischen Folgen von Raufereien mit einer flüssigkeitsaufsaugenden Schicht zu bedecken.

Helm

Helm	Kuppelförmiges Gerät, das gewisse graue Zellen davor bewahrt, mit dem Schläger eines Gegenspielers Bekanntschaft zu machen. Dies geschieht dank der Spielregeln auch dann, wenn die kleinen grauen Zellen des einen oder anderen Spielers ihren Dickschädel als ausreichenden Schutz ansehen.
high	Euphorische Stimmungslage, die sich nach besonders gelungenen Aktionen, zum Beispiel erfolgreichen Torschüssen, einstellt und dringend zum Ausgleich deprimierender Erkenntnisse aus manchen anderen Aktionen benötigt wird. Die Euphorie gibt sich spätestens dann, wenn der Spieler vom Schiedsrichter eingeladen wird, mal die Sitzqualitäten der Strafbank zu testen.
Hinkelstein	Von einem dickbäuchigen gallischen Eishockeyspieler benutzter Schläger, der nach Zehenbrüchen römischer Gegner, vor allem aber wegen seiner Unhandlichkeit aus der Mode gekommen ist.
Hintern	Körperteil, den Spieler gern auf Distanz zur Eisfläche halten möchten, der aber trotzdem früher oder später mehr oder weniger schmerzhaft mit ihr in Berührung kommt. Anatomische Besonderheiten, die nicht nur für Eishockeyspieler gelten, mildern für gewöhnlich allerdings die Folgen dieser Annäherung.
hoher Stock	Zur Tat bereiter Erregungszustand, der auf dem Eis nicht geduldet wird.
Holzschuh	Traditionelles Schuhwerk, das im Eishockey allerdings ausschließlich von ostfriesischen Clubs benutzt wird - selbstverständlich ohne Kufen, dafür aber handbemalt.

Hose

Bekleidungsstück, das dem Kälteschutz von empfindlichen und von den Inhabern als ungemein wichtig und schützenswert empfundenen Körperteilen dient. Weibliche Eishockeyfans beklagen die wenig sinnlichen Konturen dieser Textilie, während Spieler Wert auf den Hinweis legen, daß sie im Bedarfsfall sehr schnell aus selbiger schlüpfen können.

Hospital

Asyl für die Opfer besonders aggressiver Spieler und manchmal, wenn sie Pech haben, auch für diese selbst. Um die Verschlechterung des Krankheitsbildes zu vermeiden, ist die Unterbringung der Kontrahenten in verschiedenen Zimmern äußerst ratsam.

Hubbel

Mysteriöse Unebenheiten des Eises, die von den Augen neutraler Beobachter niemals zu entdecken sind, mit denen aber das Spielfeld übersät sein muß, wenn man den Aussagen von Spielern glauben darf. Ausgerutscht, Puck vorbeigeschossen, Gegner vorbeigelassen, Tor kassiert: „Ich kann nichts dafür - da war ein Hubbel!“

hypersensibel

Eigenschaft, die ein rauhbeiniger Spieler erst dann preisgibt, wenn er sich bei seinen beinharten Attacken selbst ein kleines Wehwehchen zugezogen hat.

I

IAH

Hilfeschrei eines Esels, dem es zu wohl war und der sich deshalb aufs Eis begeben hat. Esel finden manchmal jemanden, der sich ihrer erbarmt. Bei Eishockeyspielern, die diesen Schrei ausstoßen, ist dies nicht der Fall.

hoher Stock

Idol

Idol Göttlicher Spieler, der so lange angebetet wird, bis er in die unvermeidliche Formkrise kommt. Dann lernt er die irdischen Seiten des Daseins kennen.

Illusion Weitverbreitete Wahnvorstellung, beim Stande von 0:0 nach den ersten beiden Dritteln noch 11:10 gewinnen zu können. Im Schongang, versteht sich. Die Illusion verblaßt in der Regel beim Stand von 0:15. Hält sie wider Erwarten auch dann noch an, wird die Hinzuziehung eines Arztes dringend empfohlen.

Impotenz Die Unfähigkeit, zu tun, was man gern tun möchte - zum Beispiel Tore schießen. Tragisch für die Beziehungskiste eines Spielers wird es allerdings erst dann, wenn überhaupt kein Schuß mehr gelingt.

J

Job Eishockeyprofis, die diesen nur als irgendeinen betrachten, sind ihn für gewöhnlich bald wieder los.

johlen Zuschaueramüsement über peinlich mißglückte Aktionen auf dem Eis, das von den betroffenen Spielern als total unangemessen und von den betroffenenen Zuschauern als total angemessen empfunden wird.

jucken a) Prickelnder Reiz, der die Haut betrifft. Gibt ein Torwart diesem nach, kann es bei Puckbesitz des Gegners zu wenig reizvollen Konsequenzen kommen.
b) Prickelnder Reiz, der die Anwendung der Extremitäten in bezug auf einen Gegenspieler betrifft. Gibt ein Spieler diesem

nach, kann es zu wenig reizvollen Reaktionen der Schiedsrichter kommen.

Jungfrau Maria

Interessiert sich nicht sonderlich für Eishockey, und zwar auch dann nicht, wenn eine Mannschaft mit vorwiegend katholischen Spielern gegen eine Mannschaft mit vorwiegend evangelischen Spielern antritt. Die Anrufung derselben zwecks Abwendung einer drohenden Niederlage ist daher zwecklos.

K

Keilerei

Folkloristischer Brauch, der vor allem in bayerischen Wirtshäusern gepflegt wird, aber auch im Eishockey Tradition hat. Um die Schiedsrichter auf eine falsche Fährte zu locken, nennt man es hier allerdings „Bodycheck“.

Klotz

Ein als erschreckend wuchtig empfundener Abwehrspieler, der zu einem solchen am Bein des Angreifers wird, wenn er sich obendrein auch noch als wendig erweist.

Knoblauch

Biologisch-psychologisches Kampfmittel vor allem osteuropäischer, oft auch bayerischer Mannschaften. Da es nach dem Verzehr größerer Mengen von Knoblauch zu einem erheblichen Odeur des Verzehrers kommt, gewinnt er einen taktischen Vorteil bei allen Körperkontakten mit Nicht-Knoblauchessern, so zum Beispiel beim Blockieren oder Bodycheck. Über die betäubende Geruchswirkung hinaus meidet der Gegner fortan instinktiv den engen Kontakt mit seinem Gegenüber, was diesem freie Bahn verschafft. Das Mittel versagt allerdings, wenn es von beiden Mannschaften angewandt wird. Dann treibt es allenfalls die Zuschauer in der Nähe der Auswechselbänke in höhere Ränge hinauf.

Jungfrau Maria

kombinieren

Verschiedene Dinge miteinander in Zusammenhang bringen, zum Beispiel den Puck mit den Stöcken verschiedener Spieler der eigenen Mannschaft. Vorrangig sind Kombinationen jedoch - und das nicht erst seit Nick Knatterton - Denkvorgänge, die sich, biologisch bedingt, nicht auf dem Eis, sondern im Kopf abspielen. Kein Wunder also, daß sie auf dem Eis oft ziemlich kopflos erscheinen.

kontern

Schlitzohrige Methode, den Gegner ausgerechnet dann anzugreifen, wenn dieser glaubt, sein nächster Torerfolg sei nur noch eine Sache von Sekunden. Dumm ist nur, daß dieser meist verbittert reagiert und seinerseits kontert.

Körperfinte

Eigentlich eine Domäne von gewissen Vertreterinnen des weiblichen Geschlechts, die sich darauf verstehen, ihren ganzen Körper - oder zumindest die anatomisch interessantesten Teile - sprechen zu lassen, um ein bestimmtes Ziel zu erreichen. Da jedoch das Wackeln mit dem Po nicht nur wegen der plumpen Hosen im Eishockey wenig Erfolg verspricht, versuchen raffinierte Spieler den Gegner mit allerlei anderen Tricks auf den Leim zu führen. Beliebt ist zum Beispiel der Griff zur eigenen Geldbörse. Ob nun die Hoffnung auf ein Trinkgeld vorherrscht oder aber die Angst, beim Fehlen der Börse unberechtigterweise des Diebstahls bezichtigt zu werden: In jedem Fall läßt die Konzentration einen Moment nach, und schon ist man vorbei.

Kraft

Durch eine deftige Küche sowie die Hexenküche des Onkel Doktors erworbene Fähigkeit, auf einen Fausthieb des Gegners mit zwei Fausthieben antworten zu können.

kühnhackln

Umgangssprachlich für „nicht lange fackeln“. Experten haben lange Zeit über die Herkunft dieses Ausdrucks gerätselt, neigen

kontern

Kunst

nach der Entdeckung einer alten Handschrift aus dem Mittelalter aber der folgenden Theorie zu: Ritter Erich der Kühne hatte auf der Gralssuche in Grönland Eskimos beim Eishockeyspiel beobachtet und machte nach seiner Rückkehr diesen Sport auch bei uns heimisch. Der baumlange Ritter Erich war zugleich der erste Star der noch jungen Sportart und wußte, wie die alte Handschrift berichtet, „gar fein zu hacklen“ – womit offenbar eine besonders trickreiche Art zu spielen gemeint war.

Kunst Die Fähigkeit, todsichere Torchancen zu versieben. Die Künstlersozialversicherung in Wilhelmshaven weigert sich allerdings, die betroffenen Künstler aufzunehmen. Begründung: Man sei personell nicht in der Lage, den Massenansturm zu bewältigen, falls alle Betroffenen einen Aufnahmeantrag stellen würden.

L

---

labil Nicht sonderlich fester Zustand einer Abwehr, der spätestens dann feststeht, wenn die ersten fünf Tore des Gegners auf der Anzeigetafel des Stadions stehen.

Laisser-faire Selbst von Liberalen als zu liberal empfundene Reaktion eines Torwarts auf Torschüsse des Gegners, die zuerst unangenehme Konsequenzen in bezug auf die Tor- und Punktbilanz einer Mannschaft und anschließend für den Torwart selbst hat.

Lappalie Nichtigkeit mit einem gewissen Potential zur Wichtigkeit. Ein Torerfolg des Gegners, zehn Sekunden vor Schluß beim Stande von 5:0 für die eigene Mannschaft erzielt, ist zum Beispiel eine Lappalie. Ein Torerfolg des Gegners, zehn Sekunden vor Schluß beim Stande von 0:0 erzielt, ist dagegen überhaupt keine mehr. Was den Spielern spätestens dann klar wird, wenn nach dem Ende des Spiels ein geifernder Berserker in den Umkleideraum stürmt, der nach Mimik und Lautstärke der Stimme nur der Trainer sein kann.

Leber Organ, das im Eishockeyspiel gelegentlich durch gegnerische Faustschläge bedroht ist, aber vor allem nach dem Spiel traktiert wird, z.B. durch Siegesfeiern, Besäufnisse nach Niederlagen oder einem Unentschieden - kurzum nach Spielausgängen jedweder Art.

Lektion Gelegentlich mit Schmerz verbundene Wissensvermittlung, die ungewollt manchmal auch jenen widerfährt, die anfangs dachten, sie wüßten bereits alles. Hinterher sind sie zwar schlauer, wissen sich mit der neuen Erkenntnis aber oft nicht zu benehmen.

Leviten lesen Erzwungene und höchst unwillkommene Autorenlesung von Trainern, über deren mangelnde literarische Qualität sich alle betroffenen Spieler einig sind. Bemängelt wird meistens auch die Lautstärke, in der sie sich vollzieht.

Liga Eigentlich ein Bündnis von Gleichgesinnten, in dem sich alle aber nur in einem Punkt einig sind: daß es allein ihnen zusteht, die Führung zu übernehmen. Besonders eklatante Führungsschwäche wird mit dem Ausschluß aus diesem Bündnis bestraft.

Livree Was die Wasserträger der Mannschaft eigentlich tragen sollten, vor lauter Respekt vor den Stars aber nicht anzulegen wagen.

Liga
0,8
37
29
17

Lokal Geographische Bezugsgröße, die das Wissen darüber, wer wann in einem solchen gesehen wurde, einschließt. Beschwerden von betroffenen Spielern an den zuständigen Datenschutzbeauftragten sind vor allem in kleineren Ortschaften sinnlos.

Lokalpatriot Ein Spieler, der dem Vereinslokal auch dann treu bleibt, wenn dort die Bierpreise erhöht werden.

M

Manager Person, die behauptet, die Vereinsgeschäfte führen zu können, und der dies anfangs auch geglaubt wird. Die Praxis bewirkt allerdings früher oder später, daß die von seinen Entscheidungen Betroffenen vom Glauben abfallen.

Mangel Wasser herausquetschender Apparat (auch Trainingsverschärfung genannt), in den ein Spieler genommen wird, wenn ihm sein Trainer die Mehrzahl dieses Begriffs attestiert.

Manndeckung Hautnaher Kontakt von Freund und Feind, bei dem es entgegen dem Wortsinn *nicht* zu sexuellen Handlungen kommt.

Mannschaft Ansammlung von Personen, die von sich behaupten, miteinander gegen andere spielen zu wollen, nach den Eindrücken neutraler Beobachter aber meistens mit anderen gegeneinander spielen.

Mannschaftskapitän Ansprechpartner für den Schiedsrichter, der über das Talent verfügen muß, faustdicke Lügen zu erzählen, ohne rot zu

Manndeckung

Mißgeschick

werden. Nach Ende der aktiven Laufbahn wechseln Mannschaftskapitäne für gewöhnlich in die Politik.

Massage Verordnete Prügel für verkrampfte Spieler, die zur Prügelei ausarten können, wenn der Masseur während der Arbeit ganz arglos seine ehrliche Meinung zum Talent und Leistungsvermögen des betreffenden Spielers ausplaudert.

Match Mehr oder weniger friedliche Auseinandersetzung von gegnerischen Mannschaften, die sich im Sport innerhalb gewisser Regeln vollzieht. Nicht zu verwechseln mit Matsch, einem wichtigen Grundstoff für Auseinandersetzungen von Politikern, die sich ohne Regeln vollzieht (vergl. auch „Schlammschlacht“).

---

milieugeschädigt Aus Oberbayern stammender Eishockeyspieler, der auch dann noch jodelt, wenn sein Verein das über den Abstieg entscheidende Spiel mit Pauken und Trompeten verloren hat.

---

mimosenhaft Eigenschaft von Raufbolden, die ihren Gegenspieler nach Strich und Faden verprügeln, sich dabei die Hand verstaucht haben und darüber gekränkt sind, daß der Gegenspieler vom Krankenhausbett aus nicht anruft, um sich zu entschuldigen.

Mißgeschick Fehlreaktion, die jedem mal passieren kann und deshalb bei allen auf Verständnis stößt. Vorausgesetzt natürlich, der davon Betroffene ist nicht Torwart.

Monokel Von kurzsichtigen Trainern vorzugsweise dann benutzte Sehhilfe, wenn die Kurzsichtigkeit in bezug auf die Taktik es ratsam erscheinen läßt, die sich anbahnenden Konsequenzen lieber mit nur einem als mit beiden Augen zu verfolgen.

Motorschlitten Fortbewegungsmittel, von dem manche Senioren unter den Eishockeyspielern gelegentlich träumen, wenn die Kräfte nachlassen. Die Verwendung dieses Geräts gilt aber in der Szene als äußerst unfein und findet deshalb während eines Spiels keine Anwendung.

N

Nachwuchs Unentbehrliches Potential an jüngeren Eishockeyspielern. Die Zeugung derselben auf dem Eise gilt allerdings als äußerst kühl und - zumal vor Publikum - unmanierlich.

Nackenschutz Schalenförmiger Gegenstand aus Plastik, den der elegante Herr stets *unter* dem Trikot trägt. Er dient dazu, Berührungsängste abzubauen und das anerkennende Schulterklopfen des Gegners mit einem Lächeln zu quittieren.

nackt Paradiesischer Zustand, in dem Eishockeyspieler - sehr zur Enttäuschung der weiblichen Fans - während des Spiels noch nie beobachtet wurden. Der Grund dafür hat nicht so sehr mit glaubensbedingten Moralvorstellungen zu tun, sondern entspringt dem Glauben, daß hervorragende Körperteile darauf frostig reagieren würden.

Nahaufnahme Gefürchtete Einstellung der Fernsehkamera, bei der die falsche Einstellung der Spieler unübersehbar wird und so gelegentlich zur Einstellung eines neuen Trainers führt.

Nahkampf Die Fortsetzung des zunächst noch sportlichen Versuchs, sich in den Besitz des Pucks zu bringen, mit anderen Mitteln.

Nachwuchs

Oberschiedsrichter

Nationalmannschaft

Die Zugehörigkeit zu dieser Personengruppe beinhaltet das Risiko, sich über den nationalen Rahmen hinaus international zu blamieren. Wenn aber - wie z.B. beim Eröffnungsspiel in Calgary (s. dort!) - die deutsche Mannschaft den mehrmaligen Weltmeister CSSR schlägt, wiegt das Hochgefühl des Triumphes alle zusätzlichen Strapazen auf.

neutrale Zone

a) Mittlerer Teil der Spielfläche, in dem Stürmer oft verteidigen und Verteidiger oft angreifen: Kurzum, niemand blickt so genau durch, was dort eigentlich vorgeht.
b) Herrschaftsfreier Bereich zwischen den Machtsphären von Kontrahenten, zum Beispiel zwischen dem Spielfeld und der ehelichen Wohnung eines Spielers.

Niederlage

Spätestens bei der Schlußsirene sich manifestierende Konsequenz aus dem, was die einen getan und die anderen nicht getan haben. Aus der Sicht der Betroffenen sind allerdings andere Ursachen schuld: unfähige Schiedsrichter, unglaubliches Pech, Hexerei, Voodoo-Zauber, ein faustischer Bund des Gegners mit dem Teufel ...

Notbremse

Radikales Mittel von geltungsbedürftigen Bahnbenutzern (ob nun der Bundesbahn oder der Eislaufbahn), sich selbst in den Mittelpunkt des allgemeinen Interesses zu rücken. Da ihnen jedoch die momentane Aufmerksamkeit genug ist, wollen sie es hinterher meistens nicht gewesen sein.

O

Oberschiedsrichter

Person, die sich als Boß aufspielt und manchmal sogar für eine Art Gott hält. Gotteslästerungen von Zuschauern werden von ihm selten wahrgenommen, da er meistens auf einem Auge blind und durch all die Pfeifkonzerte nach seinen Entscheidungen fast taub ist.

Oberwasser

Was die eine Mannschaft bekommt, wenn die andere Mannschaft in Schwierigkeiten kommt. Im Eishockey wird ein fester Aggregatzustand dieses Stoffes bevorzugt.

Offizielle

Personen, die Eishockey so sehr hassen, daß sie sich geschworen haben, jedem Eishockeyspieler höchstpersönlich das Leben zu vergällen. Ihre Tarnung ist tückisch und genial: Sie behaupten, Eishockey sei der Hauptinhalt ihres Lebens, erobern sich auf diese Art und Weise Ämter und Würden und betreiben sodann einen subversiven Kampf gegen diesen Sport und diejenigen, die ihn ausüben.

Ökonomie

Die Kunst, mit minimalem Einsatz maximale Wirkung zu erzielen. Beispiel: 59 Minuten des Spiels weitgehend unangestrengt fast unsichtbar zu bleiben und in der 60. Minute den Stock so zu halten, daß es zu einem Tip-in und damit zum Siegtreffer kommt. Wenn das Tip-in nicht gelingt, sind allerdings kleinere Geschenke an den Trainer – Präsentkörbe mit Delikatessen, einige Dutzend Flaschen sehr guten Weins – nicht nur ökonomisch sinnvoll, sondern sogar äußerst ratsam.

P

Paarlauf

Demonstrative Aktion von zwei Spielern, die ihre Unzertrennlichkeit zeigen möchten, obwohl sie auf dem Eis Gegner sind. Im Unterschied zu der gleichnamigen Disziplin im Eiskunstlaufen kommen dabei im Eishockey Hebefiguren

Paarlauf

zwar auch vor, sind aber nur von einem der beiden Partner gewollt.

Packung

Behältnis, das für gewöhnlich Platz für eine größere Anzahl eines bestimmten Artikels bietet. Wenn der Artikel „Gegentore" heißt, sollte die Packung aus humanitären Gründen zumindest gut gepolstert sein.

Paß

a) Ein Stück Papier, in dem der Staat seinen Staatsbürgern dokumentiert, daß es sie überhaupt gibt.
b) Eine Tat auf dem Eis, mit der ein Spieler dokumentiert, daß er die Verantwortung für den Puck gern einem anderen überlassen möchte. Ob dieser andere ein Mannschaftskamerad oder aber ein Spieler der gegnerischen Mannschaft ist, entscheidet die Glücksgöttin Fortuna. Wer sie mit seinem Charme nicht erobern kann, muß sich allerdings daran gewöhnen, Eishockeyspiele fortan von der Zuschauertribüne aus zu verfolgen.

Penalty

Vom Torwart wenig geliebte Situation, in der er zeigen muß, was er kann. Kann er was, kann es allerdings für den erfolglosen Strafschützen recht unangenehm werden. Vereinsintern.

Pfeife

Im Besitz von Schiedsrichtern dient sie dazu, das Spiel an- und abzupfeifen. Als Teil einer Mannschaft auf dem Eis angetroffen, wird sie hingegen meistens ausgepfiffen. Wenn bei massenhaftem Auftreten dieser Spezies in beiden Mannschaften auch der Anpfiff der Trainer keine Abhilfe bringt, sollte abgepfiffen werden, damit die Schlußsirene in Gang gesetzt werden kann.

Pfiffe

Schrilles Geräusch, das Aktionen von Spielern gelegentlich begleitet und zu dem diese ein äußerst ambivalentes Verhältnis

...IHR PASS IST JA ABGELAUFEN, BEGEBEN SIE SICH SOFORT ZUR STRAF-BANK UND BEZAHLEN SIE 20.-DM
Paß

haben. Musik in ihren Ohren ist es dann, wenn ein Gegner vom Publikum ausgepfiffen wird oder der Schiedsrichter der eigenen Mannschaft ein angenehmes Ereignis signalisiert. Pfiffe anderer Art pflegt ein Spieler entweder zu ignorieren oder unter das Stichwort „Ungerechtigkeit der Welt" einzuordnen.

Pleite

Für den oder die Betroffenen peinliche Feststellung, daß der Versuch, Wünsche zu verwirklichen, das eigene Vermögen überstiegen hat. Das gilt für gewisse Spiele, aber auch für die Finanzlage mancher Clubs. In letzterem Fall wird vor dem Eintritt derselben am Himmel oft ein großer, nicht sehr schöner Vogel gesichtet, der für seine pietätlosen Umgangsformen mit Verschiedenen bekannt ist.

Powerplay

Die gegnerische Mannschaft massiv unter Druck setzen und ihr den Eindruck vermitteln, es mit Hexerei zu tun zu haben. Der Puck muß ihr dabei als Spuk oder Fata Morgana erscheinen: Man sieht ihn, aber man kriegt ihn nicht. Erfolgreiches Powerplay bezweckt nicht nur, den Puck möglichst oft im Netz des Gegners unterzubringen, sondern zielt auch darauf ab, diesen wissen zu lassen, daß er zum Ergötzen der Zuschauer vorgeführt wird. Sensibel, wie Eishockeyspieler nun einmal sind, verkraften sie das nicht sehr lange. Als beispielsweise der EC Muckenhofen über zwei Drittel hinweg ein fast ununterbrochenes Powerplay gegen den EV Trutzburg praktizierte, verließen die Trutzburger nach dem 0:15 schluchzend das Eis. Trainer und Auswechselspieler folgten ihnen nicht weniger schluchzend in die Kabinen. Der Verein löste sich auf, die Spieler traten geschlossen einer Ballettgruppe bei und wurden fortan niemals mehr auf dem Eis gesehen. Wie es heißt, entwickelten sie eine unüberwindbare Abneigung gegenüber allem, was mit Eis zu tun hat, selbst dem Genuß von Speiseeis. Trotzdem sollte man das Powerplay nicht übertrei-

Pleite

Puck

ben. Es gibt nämlich Gegner, die sich darüber einfach nur ärgern - und dann den Spieß umdrehen!

Psychologie

Methode, dem Gegner ein X für ein U vorzumachen, um ihn bequemer ausixen zu können. Da auch der Gegner diese Methode anwendet, entwickelt sich daraus ein ganz normales Spiel.

Puck

Winzige Hartgummischeibe, die jeder Spieler schnell wieder loswerden will, weil der Besitz derselben prügelnde Gegner anlockt wie Baldrian die Katzen. Findige Spieler haben einen Trick entwickelt, um sich vor den Nachstellungen feindlicher Spieler zumindest eine Weile zu schützen: Sie dreschen das Ding kurzerhand in das Tor des Gegners.
(Experimentierfreudige Spieler bringen den Puck gelegentlich auch im eigenen Tor unter - allerdings nur dann, wenn sie sicher sind, den Stadionausgang früher als die wutschnaubende Schar ihrer Mannschaftskameraden erreichen zu können.)

Punkte

Winzige runde Objekte ohne materiellen Wert, um deren Besitz ungeachtet dessen immer wieder erbittert gestritten wird.

Q

Qualifikation

a) Glaubhaft gemachte Behauptung eines Spielers, er sei keineswegs *noch* unfähiger als der Rest der Mannschaft und deshalb aufstellungsreif. Nach dem Einsatz kommt es bei seinen Mannschaftskameraden, dem Trainer, der Vereinsleitung sowie den Zuschauern in der Regel allerdings zu einer Glaubenskrise.

b) Von der Mannschaft, dem Trainer, der Vereinsleitung sowie den Zuschauern nicht mehr geglaubte Wettkampfberechtigung des Vereins, die so gut wie immer in einem Debakel endet, aber von allen masochistisch genossen wird.

Quantensprung Im mikrophysikalischen Bereich durch äußere Einwirkungen hervorgerufene Ortsveränderung, bei der Energie verlorengeht. So ähnlich ist es auch im Eishockey: Energischer Einsatz des Gegners kann den Füßen eines Spielers zu einem meistens ungewollten Sprung und ihm selbst damit zu einer Ortsveränderung verhelfen. War der Einsatz zu energisch, erfolgt eine weitere Ortsveränderung, und zwar die des Angreifers in Richtung Strafbank.

R

Radikalkur Wenn ein Verein nach dreißig Niederlagen in Folge den Trainer feuert, alle Spieler feuert, den Vorstand feuert, sich umbenennt und beschließt, statt mit dem Puck fortan mit Murmeln zu spielen.

Rasanz Durch Zuschauerschwund bedingte Geschwindigkeit, mit der das Loch in der Vereinskasse sich vergrößert, wenn es bei der Mannschaft an eben dieser Rasanz fehlt.

Rauhbein Beinharter, aber gutmütiger Spieler, der seinen Gegenspieler erst verprügelt und ihm hinterher ein Bier ausgibt.

Raumdeckung Ausrede von Spielern und Trainer, wenn das ursprünglich geplante Konzept der Manndeckung nicht funktioniert.

Radikalkur
KASSE

rausfliegen In einem Turnier der Übergang von einem über der Mannschaft schwebenden Verhängnis zur aerodynamischen Manifestation.

Realität Antwort auf Wunschträume, die nach dem Spielende oft deprimierend sein kann.

Referee Schiedsrichter, angeblich unparteiisch – letzteres wird aber von allen vehement bestritten, die unter seinen Entscheidungen zu leiden haben. Referees sind kleinlich und nachtragend und stecken ihre neugierige Nase in alles, was auf dem Eis vor sich geht. Sie schaffen es, dem Eishockeyspieler die schönste Rauferei zu vergällen. Sie petzen und tratschen, stänkern und nörgeln, schreien und fuchteln herum. Ist es da ein Wunder, daß sie *nie* von einem Spieler zu einem Glas Bier nach dem Spiel eingeladen werden? Natürlich nicht!

Regel Kategorischer Imperativ, der nicht nur auf dem Eis den Verkehr von Menschen miteinander festlegt, wobei Regelüberschreitungen oft als unangenehm empfundene Konsequenzen nach sich ziehen.

Richter-Skala Ein bekanntlich nach oben hin offener Gradmesser für den Umgang des Trainers mit seiner Mannschaft nach einer Niederlage. Bei besonders leichtfertig verschenkten Siegen und Totalausfällen einzelner Spieler sind starke Nachbeben in höchstem Maße wahrscheinlich.

rot Farbe, die Spieler gelegentlich zu sehen glauben, wenn ein Gegner sie heimlich foult, ohne rot zu werden.

Referee

Schiebung

S

Saison	Zeitspanne, in der sich ein grundlegender Wechsel vom Optimismus zum Pessimismus vollzieht.
Scheck	Kleinformatiges Stück Papier, das für manchen prominenten Eishockeyspieler Anlaß für einen rapiden Ortswechsel wird.
Schiebung	Vom Zuschauer vermuteter Ortswechsel von Banknotenbündeln bei als unerklärlich empfundenen Niederlagen, Siegen oder Schiedsrichterentscheidungen. Wenn sich herausstellt, daß tatsächlich etwas an der Sache dran ist, wird erneut geschoben - statt der Banknoten allerdings nur noch der Schwarze Peter.
Schienbeinschutz	Verstärkung des eigenen Beins, die oft Lust darauf macht, mal beinhart zu testen, ob der Gegenspieler nicht vielleicht vergessen hat, seinen eigenen Schienbeinschutz anzulegen.
schießen	Definitiver Entschluß eines Puckbesitzers, sich von seinem Besitz zu befreien. Besonders von Torwarten wird diese Art von Eigentumsverzicht als äußerst unpassend empfunden, und zwar besonders dann, wenn es gepaßt hat.
Schlägerfinte	Kein schmutziger Trick eines notorischen Raufboldes, sondern der schmutzige Trick eines Spielers, der sein gutgläubiges Gegenüber an der Nase herumführt. Was der sich natürlich merkt und bei der nächsten sich bietenden Möglichkeit mit Zins und Zinseszinsen zurückzahlt.

Schußhemmung

Schlammschlacht Mangels geeigneter Materialien im Eishockey unüblich, aber in der Politik übliches Mittel der Auseinandersetzung, bei der in der ersten Phase Methoden angewendet werden, die von rauhbeinigen Eishockeyspielern abgeguckt wurden. In der zweiten Phase folgen dann Methoden, die selbst rauhbeinige Eishockeyspieler erblassen lassen.

Schleife Ineinander verschlungenes Etwas, das bei Eishockeyspielern als Haarschmuck nur äußerst selten anzutreffen ist, als taktisches Manöver zwecks Umspielen eines Gegners aber gelegentlich vorkommt und manchmal sogar gelingt.

Schlittschuhe Schuhe mit Kufen, die von den meisten Eishockeyspielern während des Spiels getragen werden. Diese Sitte geht auf einen alten Aberglauben zurück, wonach man sich angeblich mit solchem eigenartigen Schuhwerk besonders sicher auf glattem Material bewegen kann. Wissenschaftlich ist das nicht nur seit langem widerlegt, sondern es wurde eindeutig das Gegenteil bewiesen. Der Sportmediziner Dr. Lieboldt empfahl sogar, auf jegliches Schuhwerk zu verzichten und barfuß zu spielen, da dies die Durchblutung ungemein fördere. Aber die Eishockeyspieler bestehen uneinsichtig nach wie vor auf ihren Schlittschuhen. Anders viele Zuschauer, die meinen, daß mancher schlafmützige Spieler barfüßig viel spritziger agieren würde.

Schlußsirene Ein Signal, das alle Spieler inständig herbeiflehen, sobald sie das Eis erst einmal betreten haben. Bei manchen Spielen deckt sich dieser Wunsch total mit dem des Publikums.

Schußhemmung Unfähigkeit, mit einem letzten Stoß ein Stück Eigentum abzugeben und in einem Hohlraum zu plazieren. Außerhalb des Eishockeys nennt man dies anders.

schwimmen Schwebender Zustand, oft verbunden mit Desorientierung, als Resultat von heftigen Arm- und Beinbewegungen, was sich normalerweise im Wasser vollzieht. *Im* Eis ist er aus physikalischen Gründen nicht möglich, aber *auf* dem Eis soll er insbesondere bei der Abwehr nicht gerade selten vorkommen.

Shanty In Schottland beheimatete frühe Form des Eishockeys, die vermutlich dazu beigetragen hat, daß der Puck so klein ausgefallen ist. Ob während des Spiels die gleichnamigen Seemannslieder gesungen wurden, ist leider nicht überliefert – als gesicherte Information gilt lediglich, daß schon die zweite Shanty-Begegnung in Hosen statt in Kilts stattgefunden hat.

Softeis Wunschvorstellung von Spielern zur Beschaffenheit der Spielfläche, die besonders häufig dazu neigen, mit ihren vier Buchstaben Bodenkontakt zu suchen.

Spielfeld Bühne für so manche Diva, die sich in Formkrisen jedoch als blankes Parkett erweisen kann.

Stock Im alltäglichen Leben eine Stütze für Menschen, die ohne ihn nicht oder nur äußerst unsicher gehen könnten und mit ihm auch nicht gerade den spritzigsten Eindruck machen. Genauso ist es im Eishockey. Obwohl von den Spielern behauptet wird, er diene dazu, den Puck zu führen, weiß der Kenner, daß sich ohne den Stock kaum ein Spieler auf den Beinen halten könnte. Besonders nicht nach von ihnen selbst als anstrengend empfundenen Aktionen – wozu bereits das Betreten der Eisfläche zählt.

Stocktechnik Der Versuch, von der durch Alterserscheinungen bedingten Tatsache, sich auf einen Stock stützen zu müssen, durch

Stocktechnik

Strafbank

gelegentlich heftiges Herumfuchteln mit demselben abzulenken.

Stöckelschuh

Marterwerkzeug für Füße, das wie ein Schlittschuh Balancierungskünste erfordert und auf rutschfestem Boden die Fortbewegungsgeschwindigkeit erheblich vermindert. Trotzdem als Alternative zu herkömmlichen Schlittschuhen derzeit nicht im Gespräch, sondern eher ein bei Ehefrauen und Freundinnen von Eishockeyspielern beliebter Solidaritätsbeweis mit ihren fußkranken Partnern.

Strafbank

Ruheplatz für müde Spieler, den so gut wie jeder Eishockeyspieler mindestens einmal pro Spiel ansteuert. Er darf dies allerdings nur mit Erlaubnis der Referees tun. Um diese für sich einzunehmen, gibt es eine Reihe von Methoden. Die beliebteste: herausfinden, welcher unter den Spielern der gegnerischen Mannschaft den Referees besonders unsympathisch ist, und diesem dann den Schläger auf den Kopf hauen. Das klappt fast immer. Merke: Je derber zugeschlagen wird, desto größer die Chance, die Erlaubnis für ein längeres Päuschen zu bekommen.

Strafzeitnehmer

Personen, die sich für wichtig halten, weil sie es gelernt haben, den Knopf einer Uhr zu drücken. Versuche von Spielern, Ehefrauen oder Freundinnen in diesen Job zu hieven, sind bislang gescheitert.

Straps

Strumpfhalter, die sich bei Männern allergrößter Beliebtheit erfreuen – wenn sie von Frauen getragen werden. Ob die Strapse der Eishockeyspieler auf die Damenwelt eine ähnliche Faszination ausüben, konnte bisher nicht exakt eruiert werden, wird aber allgemein bezweifelt. Dies würde sich eventuell

Sturm, erster

ändern, wenn nicht langweilige Wollstrümpfe, sondern aufregende Nylons an den Strapsen befestigt würden.

Sturm, erster — Verläßt sich darauf, daß der zweite Sturm die Tore schießt.

Sturm, zweiter — Verläßt sich darauf, daß der dritte Sturm die Tore schießt.

Sturm, dritter — Verläßt sehr bald wieder das Eis, wenn er sich auf den ersten und zweiten Sturm verläßt.

Stutzen — Nicht etwa der Gesichtsausdruck des Torwarts nach dem siebten Tor des Gegners, sondern ein etwas anrüchiges Bekleidungsstück, das in erheblichem Maße dem Fußschweiß des Trägers ausgesetzt ist.

Sudden Death — Spielverlängerung, die den Zuschauer nichts kostet, aber meistens auf seine Kosten kommen läßt. Jetzt geht es nämlich um die Wurst. Da diese, obwohl sie bekanntlich zwei Enden hat, nur einer kriegen kann, bedeutet dies für den anderen ein jähes Ende all seiner Träume. Das Ende von Karrieren soll in diesem Zusammenhang ebenfalls vorkommen.

T

Taktik — Spielkonzept, das gehabt zu haben von Trainern nach einem Spiel behauptet wird. Zum Leidwesen der Trainer wird dies bei Niederlagen von anderen entweder nicht geglaubt oder als falsche Taktik hingestellt. Die Betroffenen empfinden dies als ausgesprochen takt(ik)los.

Talent

Mutige Bezeichnung für einen Spieler, von dem man annimmt, daß er das, was er nicht kann, in absehbarer Zeit lernen wird, was sich in den meisten Fällen als übermütig erweist.

Technik

Die Fähigkeit, sich auf Schlittschuhen nicht nur geradeaus zu bewegen, sondern gelegentlich auch mal die Laufrichtung verändern zu können. Solchermaßen befähigte Spieler nutzen dies schamlos aus, um weniger wendigen Gegnern die Kufen von hinten zu zeigen, und dürfen sich nicht wundern, wenn dann mal jemand verärgert die Notbremse zieht.

Tiefschutz

Vornehmer Ausdruck für ein pikantes Kleidungsstück, das gewisse hervorragende Weichteile schützt, die für das Liebesleben eines Eishockeyspielers von nicht unerheblicher Bedeutung sind.

Tip-In

Äußerst angenehmes Erlebnis für einen Spieler, der sich gerade noch auf seinen Stock gestützt und hoffnungsfroh zur Stadionuhr emporgeblickt hat. Der Zufall wollte es, daß der Schuß eines Mannschaftskameraden seinen Stock getroffen hat, dort abgeprallt und ins Tor des Gegners gerutscht ist.
Erfahrene Spieler reißen auch dann jubelnd die Arme hoch, wenn sie überhaupt nicht kapiert haben, was da eben geschehen ist, durch den Jubel des Publikums jedoch merken, daß etwas Erfreuliches passiert sein muß. Sie können so später mit größerer Überzeugungskraft behaupten, dies alles sei natürlich Absicht gewesen.

Tor

a) Käfigartiges Gebilde, das wie im Zoo ein Wärter reinzuhalten hat.
b) Ähnlich wie bei einer ungewollten Schwangerschaft die

Tiefschutz

Torwart

oft als unangenehm empfundene Konsequenz aus stürmischem Vorgehen und versagender Abwehr.

Tornetz Aus mehr Löchern als Substanz bestehendes Gebilde. Was dort landet, gilt für einen Torwart als wesentlich unattraktiver als das, was er in den Netzstrümpfen seiner weiblichen Fans vorfindet oder vorzufinden erhofft.

Tor verschieben Durch Brachialgewalt erzwungene Ortsveränderung, die von Schiedsrichtern oft als versuchte Schiebung gewertet wird. Das Argument, man habe das Tor ja nur deshalb verschoben, um dem Gegner einen besseren Einschußwinkel zu ermöglichen, stößt dabei in der Regel auf Skepsis.

Torwart Mit einem Toilettenwart hat er nicht nur eine Silbe gemeinsam, sondern ist wie dieser buchstäblich der letzte Mann. Hinter ihm ist nichts mehr als das Tornetz. Torwarte sind Masochisten, die sich freiwillig als Tontaubenersatz für die Schießübungen des Gegners zur Verfügung stellen. Und sie sind Wechselbädern ausgesetzte Grenzgänger: Was immer sie vor der Torlinie unternehmen, findet den allergrößten Beifall, was sie hingegen dahinter tun - etwa den Puck aus dem Netz pflücken -, stößt auf entschiedene Ablehnung.

Torwart herausnehmen Kann auf dreierlei Weise vollzogen werden:
a) Die Schiedsrichter haben etwas gegen die Methoden des Torwarts.
b) Der Trainer hat etwas gegen die untauglichen Methoden des Torwarts.
c) Die untauglichen Methoden der Mannschaft lassen dringlicher nach einem Tor als nach einem Torwart verlangen.

Trainer Jemand, der glaubt, er wüßte, wie es geht, ohne es selbst zu können, und trotzdem sauer wird, wenn man ihn mit einem Haremswächter vergleicht. Unverzichtbar ist für einen Trainer, daß er sich für den Marquis de Sade interessiert, ein umfangreiches Repertoire an Schimpfwörtern und Flüchen beherrscht und für den Fall einer Heimniederlage seiner Mannschaft den schnellsten Fluchtweg aus dem Stadion kennt.

Training Gesellschaftliches Beisammensein von jenen Mannschaftsangehörigen, die ausnahmsweise nicht durch Krankheit verhindert sind. Bei einem Bier erzählt der Trainer von angeblichen Kabinettstückchen aus der Zeit, als er selbst noch aktiv war. Wenn das Bier alle und der Trainer noch nicht ganz abgefüllt ist, animiert er die Anwesenden gelegentlich zu ein paar gymnastischen Übungen, die aber mangels Standfestigkeit meistens mißlingen.

Trikot Textile Werbefläche, die vom Spieler mehr oder weniger eifrig durch das Eisstadion bewegt wird.

Turnier Veranstaltung, an der statt zwei gleich mehrere Mannschaften teilnehmen. Als Veranstaltungsort sind nur Eisstadien in Städten und Gemeinden geeignet, die über eine Großklinik mit einer ausreichenden Zahl freier Betten verfügen.

U

Überzahl Nachdem der Schiedsrichter mehr Rüpel des Gegners als die eigenen Rüpel die Strafbank drücken läßt, angeblich eine besonders große Chance, dem Gegner den Puck ins Netz zu

Turnier

semmeln. Wie einschlägige Erfahrungen mit der deutschen Eishockey-Nationalmannschaft zeigen, ist es allerdings eher wahrscheinlich, daß in dieser Phase vorrangig das eigene Tor bedroht ist.

Ufo

Auf den Torwart zufliegendes und von ihm zunächst unidentifizierbares Flugobjekt, auf das er manchmal mit ungläubigem Staunen reagiert. Das Staunen gibt sich und verwandelt sich meistens in eine andere Empfindung, wenn er es als Puck identifiziert und aus seinem Gehäuse herausklaubt.

Unbesonnenheit

Wenn nicht dem Denken die Tat, sondern der Tat das Nachdenken auf der Strafbank folgt.

---

unerlaubter Weitschuß

Wenn ein besonders Übermütiger versucht, noch vor Erreichen der Mitte des Spielfeldes ein Tor zu schießen, aber statt Zielwasser Cognac getrunken hat und von den drei Toren, die er sieht, das linke oder rechte auswählt. Dramatisch wird es, wenn ein Spieler in einer solchen Situation die Seiten verwechselt und auf das eigene Tor schießt. Das ist nämlich erlaubt. Ob es ihm danach noch lange erlaubt wird, ist allerdings eine andere Frage.

Unterzahl

Ein Eishockeyteam hat weniger Spieler auf dem Eis als der Gegner, d.h. der Rest nuckelt auf der Strafbank als O-Saft oder Tee getarnten Cognac und feixt sich einen. Jetzt ist endlich Platz für großzügige Kombinationen! Leider unterbindet der in Überzahl spielende Gegner dieses Unterzahlspiel oft auf unfaire Weise, indem er ein Tor schießt. Dann ist es nämlich für die Strafbänkler Schluß mit dem Cognacnuckeln, und es wird wieder viel zu eng auf dem Eis. Ein sportlicher Gegner handelt anders: Auf Geheiß des Trainers drischt einer aus der Überzahlmannschaft seinem Gegenüber den Schläger auf den

unerlaubter Weitschuß

Vereinspräsident

Kopf. Er darf nun ebenfalls auf die Strafbank, und die Zahl der Spieler auf beiden Seiten ist wieder ausgeglichen.

V

Vabanquespiel Wenn in einer entscheidenden Phase im Kampf um die Meisterschaft der Außenseiter dem Favoriten in dessen eigenem Stadion beide Punkte abknöpft und nicht weiß, wo sich die Notausgänge des Stadions befinden.

Veilchen Was einem blühen kann, wenn man den Gegenspieler während des Spiels mit Schimpfwörtern belegt und dabei eine allzu blühende Phantasie entwickelt.

Verantwortung Mehr oder weniger erzwungene Bereitschaft, die Suppe, die man sich eingebrockt hat, auch auszulöffeln. Die Zahl der Suppenliebhaber steigt oder fällt erfahrungsgemäß mit dem Punktekonto einer Mannschaft.

Verein Zusammenrottung von trinkfesten Personen. Es gibt grundsätzlich zwei Vereinsziele, von denen aber nur eines in die Satzung aufgenommen wird. Dieses offizielle Ziel heißt: Sport treiben. Das inoffizielle Ziel heißt: baldmöglichster Einbau einer Bierzapfanlage in den Gemeinschaftsraum des Vereinshauses.

Vereinspräsident Eine Person, die sich erstens als besonders trinkfest erwiesen hat und zweitens über die Fähigkeit verfügt, auch noch mit 3 Promille Alkohol im Blut bedeutungsvoll dreinzuschauen und notfalls ein paar Wörter zu lallen.

vergeben Christliche Reaktion, die in bezug auf einen Strafschuß unchristliche Reaktionen von Mannschaftskameraden hervorrufen kann.

verlieren Wenn der Gegner der eigenen Mannschaft zeigt, wo Bartel den Most holt. Ein recht unbequemer Tatbestand, der erst nach reichlichem Genuß von vergorenem Most zu einer Bagatelle zusammenschrumpft.

verschießen
a) Erbleichen einer Textilie.
b) Wahnsinnstat eines Spielers in günstiger Schußposition, die den Trainer der Mannschaft erbleichen läßt.

W

Wade Im Eishockey liebend gern attackierter Körperteil, der vermutlich aus diesem Grund in der Evolution des Menschen besonders herausgebildet und schon von Natur aus recht solide gepolstert wurde.

Wasserhose Wäschebedürftiges Kleidungsstück, das diesen Zustand entweder von außen durch allzu häufiges Hinfallen oder aber von innen durch allzu großen Respekt vor dem Gegner erlangt. Die dritte Variante kommt wegen zu frostiger Temperaturen beim Eishockey nicht zum Tragen.

Waterloo Belgischer Ort, den fast alle Eishockeyteams früher oder später erleben, ohne überhaupt nach Belgien fahren zu müssen.

vergeben

WC

WC

Vor wichtigen Begegnungen von den Spielern heftig frequentierter Ort, an dem psychische Belastung in Form von physischem Ballast abgeführt wird.

Wechsel

a) Zahlungsversprechen, das gelegentlich platzen kann, wenn es präsentiert wird.
b) Vom Trainer veranlaßte neue Mannschaftsstruktur, die spätestens dann platzt, wenn die Zahl der vom Gegner präsentierten Tore wenig Gutes verspricht.

weidgerecht

Den Gegenspieler nach allen Regeln der Kunst zu Fall bringen, ohne den Referees Gelegenheit zu geben, als Kunstkritiker in Erscheinung zu treten.

Widerstand

Trotzige Reaktion auf die Überlegenheit des Gegners, die diesen - allen Tatsachen zum Trotz - manchmal doch noch in Verlegenheit bringen kann, wenn er nicht gegenreagiert.

Wirtschaftsgemeinschaft

Eishockeyclub - sowohl als auch.

Wunder

Ereignis, das mit höheren Mächten in Verbindung gebracht wird und zu einem festen Bestandteil der Taktik abstiegsbedrohter Mannschaften gehört. Die Konfession der Spieler hat allerdings nach Meinung von Experten keinen Einfluß auf den Eintritt desselben - Konvertierungen vor einem entscheidenden Spiel sind daher zwecklos.

Z

Zechtour

Ausgedehnter Spaziergang von Theke zu Theke, der von etlichen Zuschauern nach Spielen als Ersatz für sonstige sportliche Betätigungen unternommen wird. Wird er allerdings vor einem Spiel absolviert, kann sich dies erheblich auf die optische Wahrnehmungskraft auswirken. An die Schiedsrichter gerichtete Proteste über zu viele Spieler auf dem Eis haben in solchen Fällen nur dann Erfolg, wenn die Schiedsrichter an der Zechtour beteiligt waren.

Zeichensprache

Nonverbale Meinungsäußerungen, die für Spieler unangenehme Konsequenzen haben können. Teilen sich Schiedsrichter untereinander mit, was sie von der Aktion eines Spielers halten, fliegt dieser eventuell raus. Teilt ein Spieler dem Schiedsrichter mit, was er von dessen Reaktion hält, fliegt er mit Sicherheit raus.

Zeremonie

Mehr oder weniger feierliche Handlung, in deren Verlauf einer bei einem Turnier siegreichen Mannschaft ein mehr oder weniger wertvoller Staubfänger (Fachausdruck: Pokal) übergeben wird, der obendrein sofort nach der Zeremonie von einem Vereinsfunktionär beschlagnahmt wird. So gut wie jeder Spieler nimmt irgendwann an einer solchen Veranstaltung teil, gelegentlich sogar mit Tränen in den Augen. Allerdings nicht vor Rührung, sondern weil er zum Verliererteam gehört. Und trotzdem sind dies manchmal Freudentränen - weil er sich nämlich diebisch darüber freut, daß dieser häßliche Pokal statt das eigene Vereinshaus nun das des siegreichen Gegners verunzieren wird.

Zechtour

FREIBIER
...WAS? GESPENDET VOM TRAINER DER MANNSCHAFT, GEGEN DIE SIE JETZT SPIELEN SOLLEN

Zylinder

2
BEERD
INS
SCHMER
10
BEERDIGUNGS
INSTITUT
SCHMERZLOS
10
DIGUNGS
TUT
Ruge

Zigarre

Tabakstange, die nach Anzündung zu beträchtlicher Qualmentwicklung neigt und Nichtraucherproteste erregt. Umgekehrt wird sie nach Erregung des Trainers über Fehlzündungen mit beträchtlicher Qualmentwicklung oft nichtrauchenden Spielern verpaßt.

---

zittern

Unkontrollierte Schwingungen von Körperteilen, die durch verschiedene Ursachen hervorgerufen und gelegentlich von einer sogenannten Gänsehaut begleitet werden. Dieses Phänomen wird oft beobachtet, wenn:
a) ein Spieler vergessen hat, sich eine Hose anzuziehen – oder diese von einem besonders temperamentvollen Gegner zerrissen wurde –, und ihm allmählich zu Bewußtsein kommt, was es heißt, *Eis*hockey zu spielen;
b) Trainer und Spieler erkennen müssen, daß der Gegner endlich gemerkt hat, was für Flaschen ihm gegenüberstehen, und triumphierend die Flaschenöffner zückt;
c) ein Spieler bemerkt, daß in seinem als Tee getarnten Nuckeldrink tatsächlich nur Tee ist.

Zylinder

Im Eishockey unübliche Kopfbedeckung, die aber für manche Akteure in diesem oder jenem Trauerspiel angebracht wäre.

ISBN 3–8231–0135–8

ISBN 3–8231–0543–4

ISBN 3–8231–0126–9

TOMUS-Bücher machen Spaß

ISBN 3–8231–0176-5

ISBN 3–8231–0166–8

ISBN 3–8231–0139–0

ISBN 3–8231–0116–1

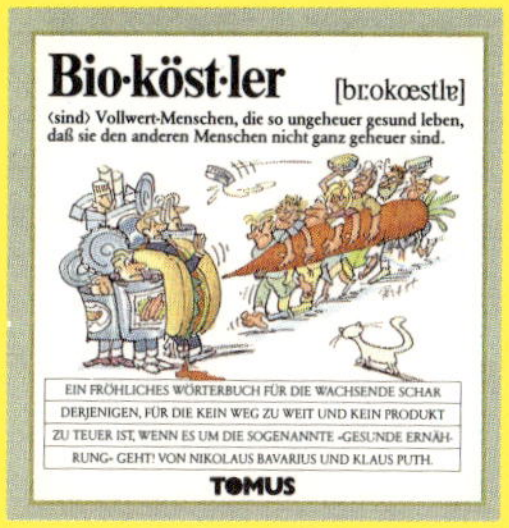

ISBN 3–8231–0173–0

ISBN 3–8231–0177-3

ISBN 3–8231–0105–6

Fröh·li·che Wör·ter·bü·cher von A bis Z

ISBN 3–8231–0138–2

ISBN 3–8231–0136–6

TOMUS-Bücher machen Spaß

ISBN 3-8231-0159-5

ISBN 3-8231-0179-X

ISBN 3–8231–0110–2

ISBN 3–8231–0162–5

ISBN 3-8231-0181-1*

ISBN 3-8231-0545-0*

ISBN 3–8231–0101–3

ISBN 3–8231–0120–X

ISBN 3–8231–0137–4

ISBN 3–8231–0121–8

ISBN 3–8231–0152–8

ISBN 3–8231–0157–9

ISBN 3–8231–0122–6

ISBN 3–8231–0144–7

ISBN 3–8231–0114–5

ISBN 3–8231–0113–7

TOMUS-Bücher machen Spaß

ISBN 3–8231–0541–8

ISBN 3–8231–0554–2

Fröh·li·che Wör·ter·bü·cher von A bis Z

ISBN 3–8231–0107–2

ISBN 3–8231–0128–5

ISBN 3–8231–0112–9

ISBN 3–8231–0542–6

ISBN 3–8231–0149–8

ISBN 3–8231–0546–9*

ISBN 3–8231–0147–1

TOMUS-Bücher machen Spaß

ISBN 3–8231–0167–6

ISBN 3–8231–0540–X

ISBN 3–8231–0129–3

ISBN 3-8231-0143-9

ISBN 3-8231-0168-4

ISBN 3-8231-0119-6

TOMUS-Bücher machen Spaß

ISBN 3-8231-0123-4

ISBN 3-8231-0134-X

ISBN 3-8231-0154-4

ISBN 3-8231-0163-3

ISBN 3-8231-0164-1

ISBN 3-8231-0169-2

ISBN 3-8231-0170-6

Fröh·li·che Wör·ter·bü·cher von A bis Z

ISBN 3-8231-0124-2

ISBN 3-8231-0140-4

ISBN 3-8231-0117-X

ISBN 3-8231-0171-4

ISBN 3-8231-0156-0

ISBN 3-8231-0109-9

ISBN 3-8231-0175-7

TOMUS-Bücher machen Spaß

ISBN 3-8231-0172-2

ISBN 3-8231-0111-0

ISBN 3-8231-0151-X